PRO PETRI SEDE

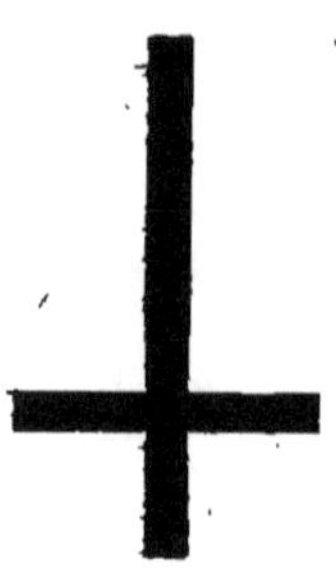

LE COMMANDANT

LALLEMAND

C'était un officier de rare mérite, un valeureux guerrier, en un mot c'était *un homme*, le commandant Lallemand, que pleurent encore le régiment des zouaves pontificaux et les amis du Saint-Siége. Personne, même parmi les plus hostiles, ne s'est avisé de le contester.

Nous allons tenter d'esquisser en quelques lignes la vie de ce soldat de Pie IX, qui fut un héros et mourut en chrétien.

Originaire du bourg d'Orchies (Nord), Oscar Lallemand, après avoir terminé ses humanités, entra comme professeur à l'Ins-

titution catholique de Marcq-en-Bar[illegible]
près Lille, dirigée par les Prêtres de Sa[illegible]
Bertin. Se sentant appelé à une vie d'ab[illegible]
gation et de sacrifice, il avait pris l'h[illegible]
ecclésiastique et songeait à entrer dans l[illegible]
ordres, lorsqu'en 1860 commença le b[illegible]
gandage piémontais. L'appel du général [illegible]
Lamoricière, organisant le corps des vol[illegible]
taires *franco-belges,* retentit à ses oreil[illegible]
comme un appel de Dieu. Sa vocation f[illegible]
fixée dès lors, la vocation de défendre p[illegible]
les « armes de la justice » l'Eglise et [illegible]
Saint-Siége.

L'occasion se présenta bientôt, on s[illegible]
comment et par quelles perfidies. Osc[illegible]
Lallemand fut, avec plusieurs autres [illegible]
notre région, du nombre des glorieux va[illegible]
cus de CASTELFIDARDO. L'un des premie[illegible]
aussi, il reprit, avec une persévérante a[illegible]
deur, sa place dans le rang des *Zouav[illegible]*
pontificaux, reformés peu de temps apr[illegible]
le bataillon était devenu un régiment. [illegible]

Lallemand avait conquis ses premiers [illegible]
lons, et l'on sait qu'*ils ne se donnaient* [illegible]
dans cette légion de braves. Plus tard l[illegible]
paulette de sous-lieutenant vint récomp[illegible]

la patience non moins héroïque du ...daire. Certes il en fallut aux soldats de ... durant ces longues années de fié... impatiences et d'amères angoisses, ...ues plus douloureuses encore par le ...eux spectacle des lâchetés et des tra... des gouvernants de l'Europe, en par...ier de l'homme deux fois parjure, qui ...ait alors en ses mains les destinées de ...ance.

...s que personne, Lallemand souffrit de ...e situation, bien dure pour Pie IX, non ...ins dure pour ses zouaves que Lui, Pape ...ouverain de Rome, était obligé de ca... dans la montagne pour les dérober à ...pet. L'impartiale Histoire redira un ... ces ignominies de la passion du Pon...

Cependant, formés à la rude école de la *...asse aux brigands*, tâche dans laquelle ... troupes françaises avaient échoué, les ...uaves se préparaient à remplacer avanta...sement à Rome l'armée d'occupation. ... Pape redevint maître chez lui.

... patience des obstinés reçut alors sa ...mpense : Lallemand était de ceux-là.

Promu au grade de sous-lieutenant, il fut chargé de l'instruction des recrues, besogne à laquelle il se dépensa avec d'autant plus d'ardeur qu'il comptait moins sur l'exécution de la fameuse *Convention de septembre.*

En 1867, nous retrouvâmes, à Rome, les zouaves avec nos légionnaires d'Antibes, à l'époque des fêtes solennelles du Centenaire de saint Pierre et de saint Paul ; et l'on n'a pas oublié quelle ovation enthousiaste les prêtres français firent à ceux qu'on avait prétendu flétrir du nom de *mercenaires*, lors de la revue de la petite armée pontificale à la villa Borghèse. Nos Volontaires reconnurent, non sans joie, qu'on pensait encore à eux en France.

Cette armée, où la valeur suppléait au nombre, devait, à quelques mois de là, faire ses preuves contre les hordes d'aventuriers qui se préparaient à envahir le Patrimoine de Saint-Pierre, avec l'appui manifeste du Piémont et la secrète complicité du gouvernement impérial.

Au début de cette campagne contre ce *brigandage* d'un nouveau genre, nous ren-

...ons Oscar Lallemand. C'est d'abord à ... où un major de l'armée italienne à la ... d'une bande de 400 hommes venait, le ... octobre, de proclamer Garibaldi et de ... une forte contribution de guerre. Le ...demain ce *brave*, à l'apparition inattendue d'un détachement de 50 zouaves, com...dés par le lieutenant Lallemand, se ...t de déguerpir.

Cependant, en présence du nombre cha...e jour grandissant des hordes envahis...ntes, les forces pontificales, dont les zoua...es formaient presque partout les avant-postes, durent se concentrer pour couvrir Rome.

Pendant que ce mouvement s'opérait, un soir, Viterbe fut attaquée avec furie par 800 garibaldiens. L'effort de l'ennemi se porta principalement sur la porte *Verità*. Le colonel Azzanezi y envoya le lieutenant Lallemand qui commandait 52 zouaves, la plupart convalescents. Trois fois repoussé avec de grandes pertes et son commandant tué par la balle d'un zouave, l'ennemi fut contraint de se retirer. Pour ce fait glorieux, Lallemand fut cité à l'Ordre du Régiment.

Les forces pontificales reçoivent néanmoins l'ordre de se replier sur Rome ; Lallemand réclame pour lui et ses zouaves l'honneur de former l'arrière-garde. Cependant la Junte municipale, soupçonnée d'intelligence avec les garibaldiens, songeait à se rendre, sans même attendre le départ des derniers soldats pontificaux. Lallemand l'apprend, il entre à l'improviste dans la salle du Conseil et, plaçant son épée sur la table : « Vous ne vous rendrez pas ! » s'écrie-t-il d'une voix impérative. On se le tint pour dit, et l'intrépide officier put attendre tranquillement l'arrivée d'un autre détachement de zouaves ; le lendemain, il opérait sans être inquiété, sa retraite sur Rome.

Le jour de l'action décisive approchait. Au milieu de la confusion d'ordres et de contre-ordres qui semblaient se succéder à dessein, un brave amiral avait pris enfin sur lui d'exécuter l'ordre, laissant là le contre-ordre. Le 30 octobre, une division française débarquait à Civita-Vecchia ; une brigade était immédiatement dirigée sur Rome.

On sait toutes les phases de la brillante journée de MENTANA, où les zouaves se couvrirent de gloire. Quoique non engagé dans l'action principale, le lieutenant Lallemand, qui faisait partie de la colonne du commandant de Troussures, se distingua, comme plus tard au Mans, dans une reconnaissance hardie, dont le résultat fut d'achever le blocus de Mentana et de couper la retraite aux garibaldiens. Le grade de capitaine et la croix de Pie IX vinrent le récompenser de cet acte de vaillance. Peu après, le roi de Naples, François II, dont le frère, S. A. le comte de Caserte, s'était distingué à Mentana dans l'artillerie pontificale, honorait le capitaine Lallemand de la croix de chevalier de son Ordre.

Les jours de deuil et de tristesse sont arrivés pour Rome, hélas ! et plus encore pour la France. Le gouvernement de celle qui s'appelle la *Fille aînée de l'Eglise* vient de déserter son poste d'honneur auprès du Saint-Siége. Par un juste retour, *ce jour-là même*, la victoire abandonnait définitivement les aigles impériales.

Le VINGT SEPTEMBRE, la Révolution, facilement triomphante sous les couleurs d'une monarchie félonne, entrait à Rome par la brèche de la *porta Pia*.

Les zouaves sont là, décidés à se faire tuer jusqu'au dernier. Mais le drapeau parlementaire vient d'être arboré par ordre du Souverain Pontife, qui a dû faire constater la violence mais qui veut épargner le sang de ses héroïques défenseurs. Le feu cesse du côté des pontificaux ; soudain il reprend avec une furieuse intensité du côté des Piémontais, violant outrageusement les lois de la guerre. Un régiment italien, entrant par la brèche qui n'est plus défendue, s'engage dans la *via del Greco*, qui de cette porte mène à la place *dei Termini*, occupée par les zouaves et l'artillerie pontificale.

Lallemand est là, capitaine adjudant-major : « Feu ! si je lève l'épée », commande-t-il aux artilleurs, et il se porte à la rencontre des envahisseurs, prêt à se faire balayer avec eux par la mitraille s'ils ne consentent pas à rétrograder. « Nous n'avons pas, dit-il au colonel, connaissance que la capitulation soit signée, et nous sommes décidés à ne laisser approcher personne. Si vous persistez à avancer vous pourrez vous en repentir. » Le ton et le regard froidement résolus qui accompagnent ces paroles et la barricade que l'on voit là-bas hérissée de fusils, persuadent le colonel italien qui fait retirer sa troupe. (Ces détails sont d'un témoin oculaire.)

Il fallut l'ordre formel du Pape pour que les zouaves déposassent, non sans frémissement, ces armes... qu'ils sont bien décidés à reprendre un jour.

Pour ceux de France l'occasion ne devait pas se faire attendre. Rapatriés après la reddition de Rome, les zouaves se reforment, non pourtant sans bien des difficultés et des délais, alors qu'on était si facile à l'égard de tout aventurier qui se présentait au nom de la nouvelle république. Grâce à l'obstination de ces volontaires, à qui l'Empire avait prétendu dénier la qualité de *citoyen français*, grâce, en particulier, à la prudence et à l'énergie du capitaine Lallemand, devenu le bras droit du colonel de Charette, l'autorisation est enfin accordée par la Délégation de Tours. Les zouaves conserveront leur organisation et leur uniforme ; seulement ils changeront de nom et s'appelleront les *Volontaires de l'Ouest.* Cela suffisait à des gens qui demandaient, non des honneurs ou des emplois, mais simplement à se battre pour leur pays.

A Tours, où d'abord se reforme le nouveau régiment, nous retrouvons Oscar Lallemand, toujours le premier à la besogne.

Un jour Garibaldi, transformé en général *français* de par Gambetta, s'y rencontre dans la rue avec le capitaine Lallemand, lequel naturellement n'a garde de rendre à un pareil personnage les honneurs du salut militaire. Les regards de ces deux hommes — qui se connaissent d'ailleurs — s'entrecroisent d'une façon tellement significative, que le prudent condottière passe son chemin sans attendre d'autre explication.

Bientôt les zouaves quittent Tours et la ville du Mans leur est assignée comme centre de formation. Le général Négrier, qui commandait en chef dans cette région, demande au colonel de Charette un « homme à poigne » pour tenir tête aux coquins, entretenus là, par la Révolution. — « J'ai votre homme, repartit Charette, c'est un capitaine. — Son nom ? — Lallemand. »

C'est dans ces circonstances difficiles et délicates que le capitaine adjudant-major Lallemand fut nommé commandant de place au moment où des armées entières passaient par Le Mans. Par sa sagacité et son énergie, il fut à la hauteur de cet emploi et réussit à mettre un peu d'ordre dans le chaos. Il tint effectivement tête aux coquins, voire à la garde nationale de l'endroit qui en recélait plusieurs. Une fois son épée dut sortir du fourreau pour le maintien de la discipline ; ajoutons qu'il n'eut besoin que de la montrer pour se faire obéir.

Nous voici à l'un des plus brillants faits d'armes d'Oscar Lallemand. C'était au second jour de la désastreuse bataille livrée autour du Mans. S'élançant à la suite du général Gougeard, — POUR DIEU ET LA PATRIE! — le troisième bataillon des Volontaires de l'Ouest, suivi de deux compagnies de mobiles bretons et soutenu par un détachement de chasseurs, venait de reprendre sur les forces prussiennes le plateau d'AUVOURS. Le combat avait été sanglant et acharné.

A la chute du jour, l'ennemi tenta un dernier effort pour reconquérir cette importante position, en la tournant par la droite. Un faible détachement de zouaves la gardait de ce côté, il fut bientôt anéanti. Frappé d'une balle en pleine poitrine, son commandant, le lieutenant Benoist, s'adossait à un arbre pour mourir, comme Bayard, « face à l'ennemi ».

Les zouaves, qui se battaient encore au sommet, furent étonnés de recevoir tout à coup des balles sur leur droite et crurent à quelque erreur des troupes qui les soutenaient. Le commandant de Montcuit envoya le capitaine Lallemand avec quelques hommes reconnaître ce qui se passait. La nuit tombait, Lallemand, ayant rencontré à quelque distance une troupe qui tirait de son côté, ne put dans l'obscurité reconnaître son uniforme. Il crut que c'étaient des mobiles et cria : « Ne tirez-pas, nous sommes français! — Et nous aussi, répond une voix de la troupe. — Quel régiment? — 51e de marche. »

Lallemand s'approche. A quelques pas on lui crie : « Rendez-vous ! — Jamais ! » répond l'impétueux capitaine, reconnaissant l'ennemi. Une décharge passe autour de lui sans le toucher. Il regarde les prussiens en face, les bras croisés : « Maladroits ! » leur crie-t-il, et se tournant comme s'il avait eu un bataillon derrière lui, d'une voix tonnante il commanda le feu. Les zouaves tirèrent, et l'ennemi déconcerté battit en retraite (1).

Pour ce brillant fait d'armes, qui ne contribua pas peu au succès de la journée, Lallemand reçut sur le champ de bataille,

---

(1) Nous avons emprunté le récit de ce fait au SOUVENIR DU RÉGIMENT DES ZOUAVES PONTIFICAUX, magnifique album orné de gravures et de dessins variés, publié par les soins du général de Charette.

des mains du général Gougeard, la cra chevalier de la Légion d'honneur. Peu a il était promu au grade de chef de bata et attaché comme officier d'état-maje personne du général de Charette, char réorganiser à Rennes la défense du so tional.

Lors du licenciement des Volontair l'Ouest, le gouvernement offrit au com dant Lallemand de passer avec son g dans l'armée régulière. Comme tou camarades, suivant d'ailleurs en cel noble exemple du général, Lallemand clina cet honneur : préférant demeu toujours et avant tout, *Zouave pontif* Il estimait de cette façon servir égalem bien la France.

Rentré dans la vie privée, le commanda Lallemand ne resta point inactif. Il vint fixer à Lille, où les zouaves allaient av besoin de lui.

Dans leur chevaleresque générosit général de Charette et ses officiers, contents de refuser la continuation de solde que le Pape leur offrait, s'étaient portés garants, en France, des pensions que Pie IX a toujours voulu payer à ses mutilés et à ses vétérans. C'est à cette Œuvre délicate que Lallemand se dévoua avec autant de prudence que de zèle : consolant les tristesses des uns, ranimant les espérances des autres, fortifiant les courages et s'efforçant de communiquer à tous ceux qui l'approchaient l'ardeur persévérante dont il était lui-même animé. Sous cette enveloppe de bronze, il y avait un cœur d'or.

Ah ! il l'aimait passionnément, Pie IX, à la cause sacrée duquel il avait voué son existence, sacrifié son patrimoine et jusqu'au légitime désir des joies de la famille. Soutenu par sa *dévotion au Pape*, patiemment, silencieusement, l'*arme au pied*, il attendait, avec une foi inébranlable, l'*Heure de Dieu*.

Aussi, en ces dernières années, souffrit-il profondément, de voir, « l'oubli inséparable du temps », comme il disait avec amertume, atteindre, en France, les défenseurs fidèles et persévérants de la royauté temporelle du Pontife.

Sa santé, si robuste jusque-là, s'altéra peu à peu, malgré le soin qu'il prenait pour cacher aux autres ce qu'il souffrait au cœur. Un repos absolu devint nécessaire; il le trouva d'abord dans le presbytère d'un ami, puis auprès du général de Charette, qui l'attacha à sa personne : remplissant, on ne saurait trop le reconnaître, avec une touchante sollicitude auprès de son ancien compagnon d'armes, tous les devoirs de l'affection la plus vive et la plus généreuse.

Ce brave aurait-il pu triompher des étreintes du mal et reprendre quelque jour sa vaillante épée ? Nous voulions l'espérer, fallût-il pour cela une sorte de miracle, lorsqu'un accident, aussi triste qu'imprévu, vint soudainement l'enlever à l'affection de tous.

Vingt fois, sur les champs de bataille, il avait affronté la mort, et la mort avait semblé le fuir. Et voici que, par un impénétrable dessein de Dieu, la mort, qu'il sn'attendait pas sous cette forme, vint le urprendre dans un accident vulgaire.

asphyxie par un échappement fortuit du gaz de son foyer. On le trouva étendu sans connaissance et presque sans vie sur sa couche. Nonobstant, Dieu ne voulut pas que la mort enlevât, comme à la dérobée, un homme de cœur, qui n'avait jamais reculé devant elle.

Le Sacré-Cœur voulut donner à son Soldat l'occasion d'ajouter à tous les sacrifices d'une noble vie ce dernier sacrifice, le plus dur en apparence et le plus inutile, d'accepter cette misérable fin. Il voulut que l'absolution fortifiât pour la lutte suprême ce vaillant, qui naguère, à la veille des combats, puisait dans l'absolution le secret de son indomptable valeur ; et il conduisit au chevet du mourant le R. P. Bailly de l'Assomption, afin que ce fût la main d'un aumônier du Régiment qui ouvrît à cette âme les portes de l'éternité (1).

Pendant que ses compagnons d'armes, agenouillés autour de sa couche funèbre, adressaient au ciel de ferventes prières, que

(1) Ces dernières réflexions sont empruntées à la *Croix* de Bruxelles.

les *Saints* du Régiment présentaient sans doute avec leur propre holocauste devant le trône de la suprême Majesté, tout-à-coup le moribond retrouve, merveilleusement, on peut le dire, sa pleine connaissance ; des larmes sillonnent ce mâle visage, ses lèvres glacées s'entr'ouvrent et s'agitent, murmurant une dernière prière ; et l'Onction de l'Huile sainte ayant achevé de purifier son âme, après quelques heures d'agonie pénible, elle remonta vers son Dieu.

« Alors, écrit un témoin, le mâle visage du mort retrouva soudain, dans sa blancheur marmoréenne, une expression de sérénité qu'on ne lui avait point vue depuis Rome, et qui semblait un reflet des apaisements du ciel. »

C'était à l'aurore du mardi, 14 novembre.

Le jeudi suivant, les funérailles solennelles du commandant Lallemand furent célébrées à l'église de Saint-Pierre de Chaillot. Un grand nombre de Zouaves et d'anciens Volontaires de l'Ouest, accourus de toutes les parties de la France, plusieurs officiers de l'armée et une nombreuse assistance d'amis remplissaient la nef.

Après le service funèbre, M. le général Charette et les Zouaves, accompagnèrent le corps au cimetière de Saint-Ouen, où il fut inhumé. Il avait été question tout d'abord de le ramener à Lille, mais on s'en est tenu aux intentions exprimées par la famille.

Du reste cette tombe ne sera point déserte et sans prières. Elle est, là mieux qu'ailleurs, sur le chemin de tous, au cœur même de la France, et tous nous irons, nous les compagnons d'armes ou les amis du commandant, nous agenouiller quelque jour sur sa fosse, afin d'y méditer les exemples de sa vie et l'austère leçon de sa mort.

L'abbé CH. ANSART.

Inépuisable de sa nature, la charité catholique ne pouvait délaisser, en France, cette *Œuvre des Zouaves Pontificaux,* si florissante en Belgique, en Angleterre, au Canada et ailleurs.

Aussi ne faut-il pas s'étonner que les Comités catholiques de la région du nord, réunis cette année à Lille en Assemblée générale, aient adopté le vœu suivant, formulé au nom de la Commission des Œuvres de foi et de prières :

« Émue de la situation plus que jamais intéressante de l'Œuvre des anciens Zouaves pontificaux en France ; — considérant d'ailleurs que soutenir cette Œuvre, c'est répondre à la pensée, plusieurs fois exprimée, du Souverain Pontife :

« La Commission des Œuvres de foi et de prières émet le vœu que cette Œuvre, justement appelée *Pontificale*, soit inscrite au nombre de celles auxquelles les Comités catholiques de la région accordent un concours spécial. »

Nous avons la confiance que ce vœu sera compris. Grâce à la générosité intelligente des catholiques, l'Œuvre des Zouaves reprendra, non-seulement dans notre é gion, mais dans toute la France, le rang qui lui appartient.

Comme le disait si bien l'année dernière, aux applaudissements de la même Assemblée, M. le comte de Nicolaï :

« Nous devons tendre à ces hommes une main d'autant plus fraternelle et secourable que, fiers de leur passé, heureux de souffrlr pour Pie IX, quel que soit leur sort et l'oubli où on les laisse, jamais ils ne se plaindront ! »

Les offrandes pour l'Œuvre des Zouaves pontificaux peuvent être adressées à M. l'abbé Ansart, directeur de la *Semaine religieuse*, rue des Écoles, 6, à Arras.

1011. — Arras, imp. de la Société du Pas-de-Calais.

SER
DOMINO CHRISTO
VIRE

www.ingramcontent.com/pod-product-compliance
Ingram Content Group UK Ltd.
Pitfield, Milton Keynes, MK11 3LW, UK
UKHW021927230726
13925UKWH00007B/2464

9 782014 106060